Sut mae babanod yn tyfu?

Bobbie Neate a Susan Henry

Addasiad Cymraeg gan Gill a

Mae'r llyfr hwn yn eglur
Bydd yn tyfu o fod yn fa
blentyn annibynnol.

Does dim rhaid i chi dd
Trowch at y tudalennau

Cynnwys

Baban newydd ei eni

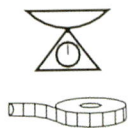

	pwysau	3½ kg
	hyd	53 cm

Mae baban sydd newydd ei eni yn fychan iawn.

Mae angen llaeth arno i dyfu.

Dydy pob baban sydd newydd ei eni ddim yr un maint.

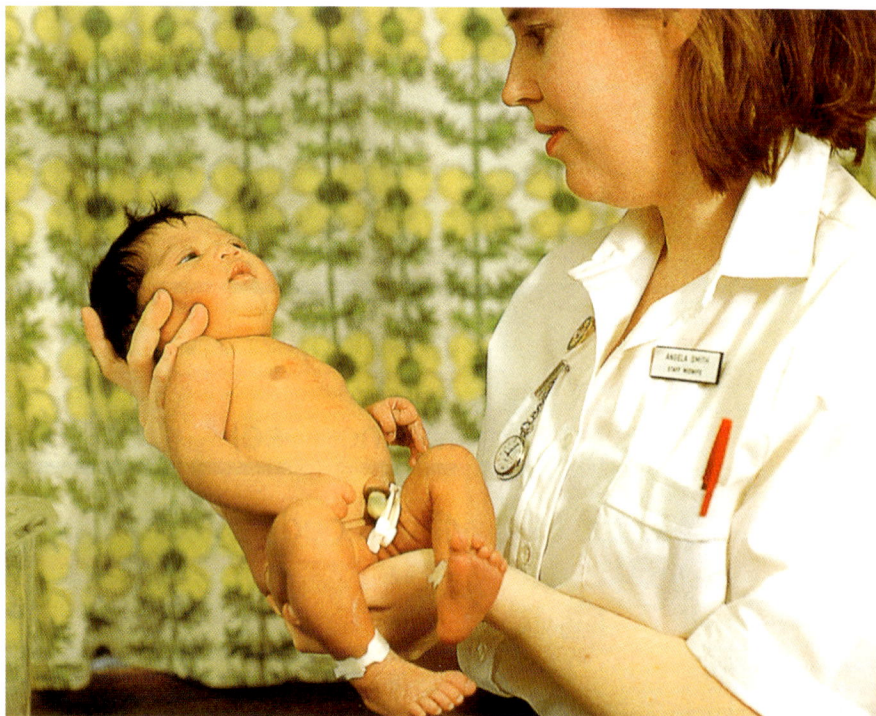

⬆ Mae'r baban yma newydd ei geni. Diwrnod oed yw hi.

Mae'r baban yn cael llaeth o fron y fam. Mae rhai mamau yn rhoi potel i'r baban. Mae angen bwydo'r baban yn y dydd ac yn y nos. Wrth yfed llaeth bydd y baban yn tyfu. Bydd pob rhan o'r baban yn tyfu.

Bydd y baban yn sugno o un fron i ddechrau cyn sugno'r fron arall.

Baban newydd ei eni

Bydd angen dal pen pob baban bach.

Dydy cyhyrau'r gwddf ddim yn ddigon cryf.

▲ Mae babanod sydd newydd eu geni yn hoffi cael eu dal yn dynn a'u cadw'n gynnes.

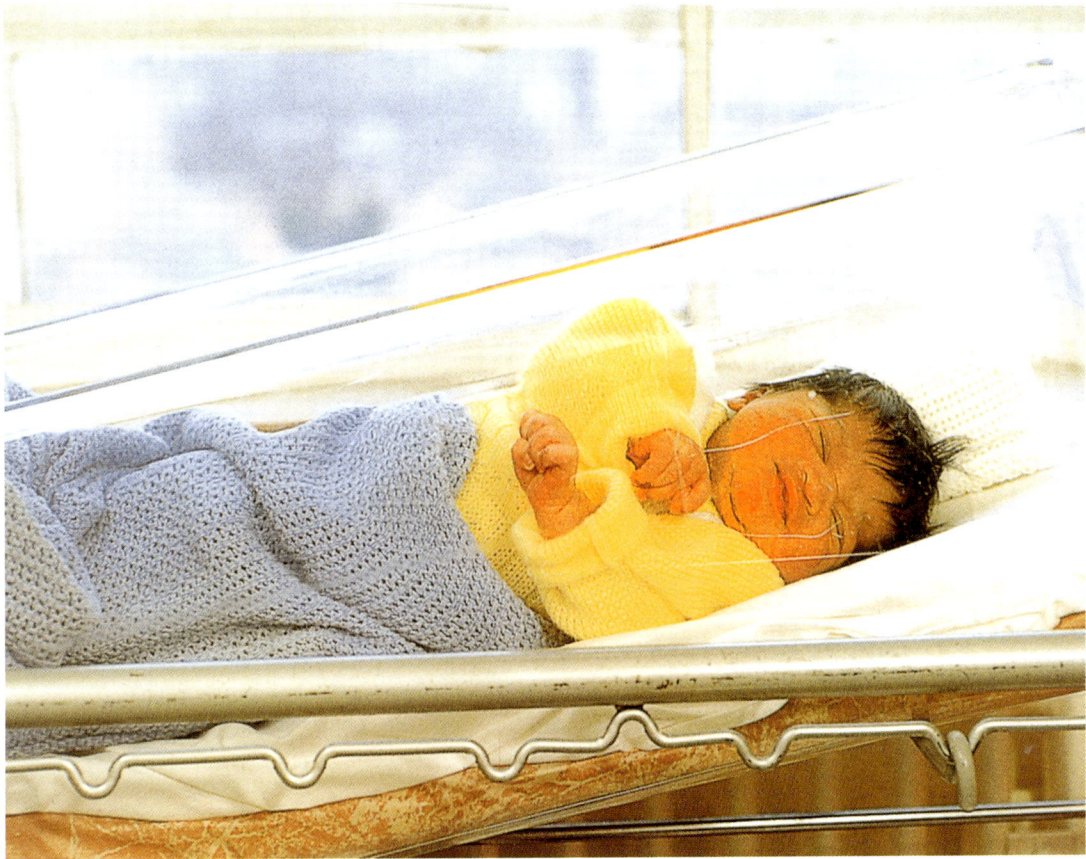

Fydd baban sydd newydd ei eni ddim yn chwarae.
Y cyfan a wna fydd cysgu a bwyta.

Nicola

Dydy Nicola ddim yn gallu dal ei phen i fyny ond mae'n gallu
gweld a chlywed. Mae'n gallu gafael.
Bydd babanod bach yn crio i gael sylw oedolion.
Maent yn crio os ydynt angen bwyd neu pan fydd angen newid
eu clwt/cewyn.

Baban chwech wythnos oed

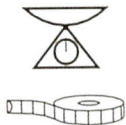

⚖	pwysau	4 kg
📏	hyd	55 cm

Bydd babanod yn dechrau gwenu pan fyddant tua 6 wythnos oed.
Er na fyddan nhw'n gallu chwarae'n iawn maen nhw'n hoffi edrych ar bethau lliwgar.
Maent yn dal i yfed llaeth.

Mae babanod chwech wythnos oed yn hoffi gweld wynebau pobl.

Dafydd

Mae Dafydd yn chwech wythnos oed.

Mae wedi tyfu llawer ers iddo gael ei eni.

Mae'n gwenu wrth i bobl sgwrsio ag ef.

Mae'n ddigon hen yn awr i gadw'n effro ac i edrych o'i gwmpas.

Mae wrth ei fodd yn edrych ar bobl.

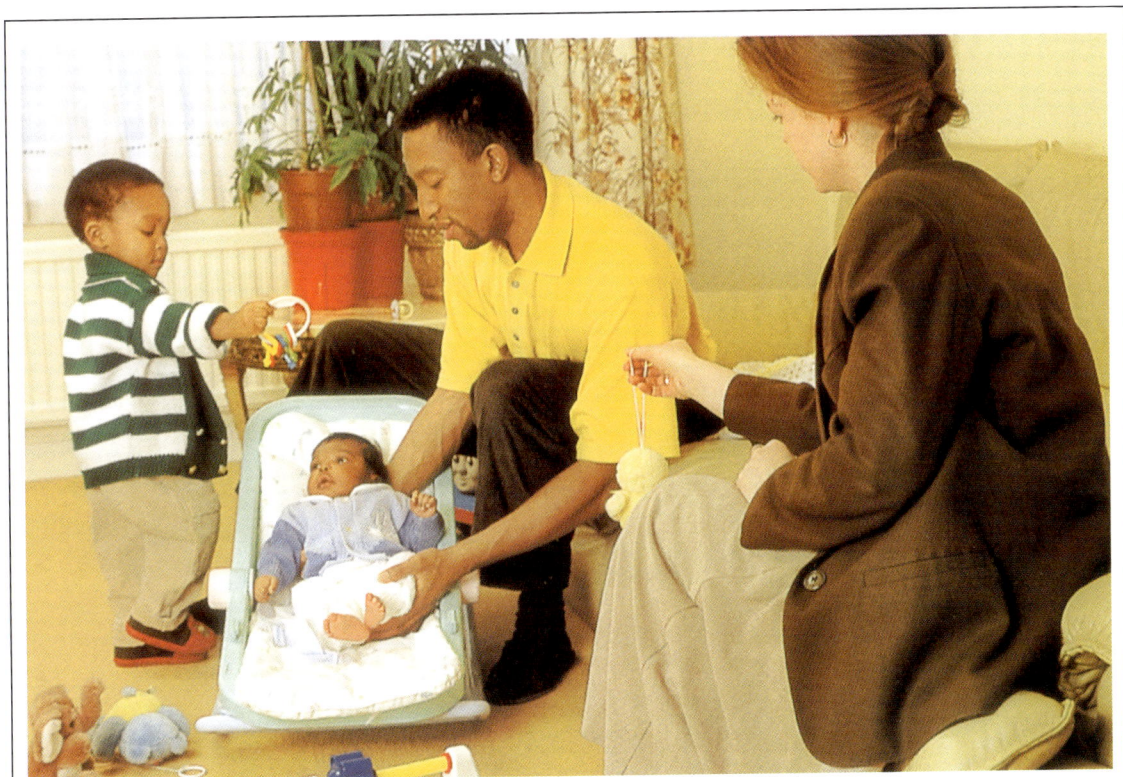

Bydd ambell faban 6 wythnos oed yn effro am 5 munud.
Bydd rhai eraill yn effro am awr.

2 flwydd oed

Baban tri mis oed

(13 wythnos oed)

pwysau	6 kg
hyd	60 cm

Yn dri mis oed mae'r baban yn dechrau bwyta bwyd solet neu fwyd baban.
Gan fod babanod yn tyfu'n gyflym bydd angen digon o laeth arnynt.

Mae bwyd babanod yn feddal iawn.

Bwyd meddal fel uwd y bydd babanod yn ei fwyta gyntaf.

Yna byddant yn bwyta ffrwythau a llysiau wedi eu malu'n fân.

Dydy pob baban ddim yr un maint.
Mae'r babanod yma i gyd yn 14 wythnos oed.

Mae rhai ohonynt yn tyfu'n gyflymach na'i gilydd.

Bydd rhai ohonynt yn cael cyfnodau o dyfu'n gyflym iawn.

Ar adegau eraill maen nhw'n tyfu'n llai cyflym.

2 flwydd oed

Baban tri mis oed

Dydy babanod tri mis oed ddim yn cysgu trwy'r dydd. Gan amlaf, byddant yn effro ac yn chwarae gyda'u teganau.

Maent yn hoffi chwarae gyda ratl.

Mae'r baban yma yn hoffi cicio yn y bath.

Tunay

Mae Tunay yn dysgu trwy'r amser.

Mae'n gwylio ac mae'n dysgu.

Dydy Tunay ddim yn gallu eistedd i fyny ar ei ben ei hun.

Mae'n gallu rowlio oddi ar ei gefn.

Bydd yn cropian yn fuan.

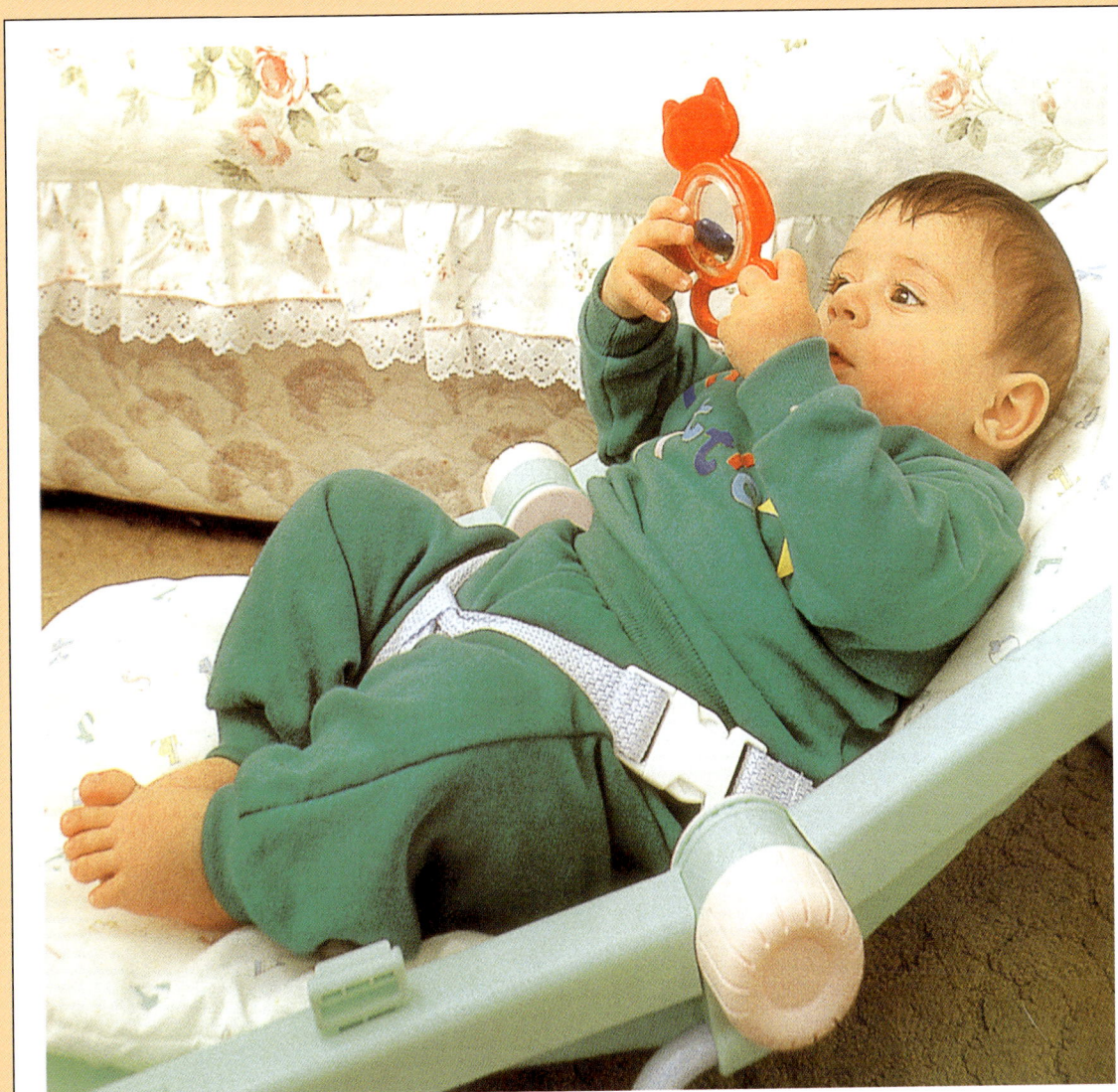

▲ Mae Tunay yn hoffi edrych ar ei ddwylo.

Baban chwe mis oed
(26 wythnos oed)

pwysau	8 kg
hyd	68 cm

Mae babanod chwe mis oed yn bwyta tri phryd y dydd.

Maent yn gallu bwyta bwyd caled yn ogystal â bwyd meddal.
Bydd angen llaeth arnynt bob dydd.

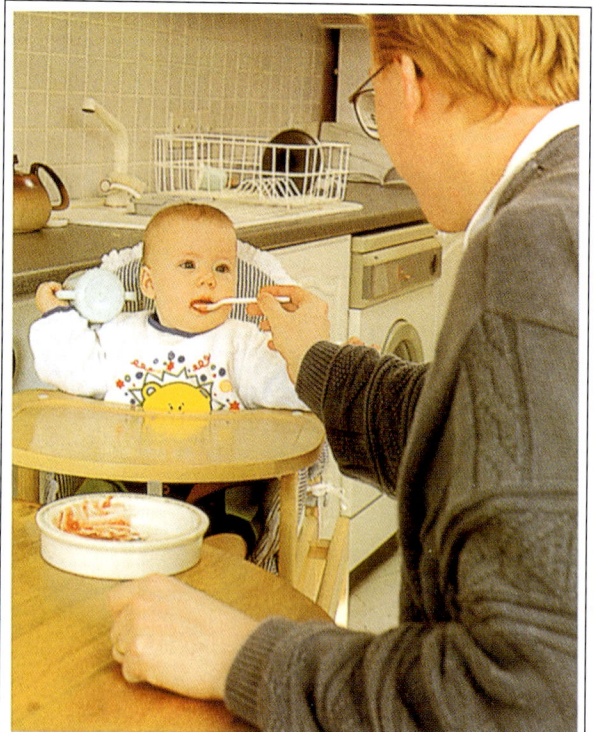

Mae rhai babanod chwe mis oed yn yfed eu llaeth o fwg â phig.

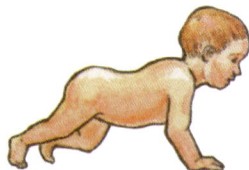

6 mis

Paul

Mae Paul yn chwe mis oed. Mae ganddo ddau ddant. Mae'r ddau ddant yn rhan waelod ei geg. Mae'n mwynhau bwyta bwyd caled fel tost, afalau neu foron.

Mae rhai yn cael eu dannedd cyntaf cyn eu bod yn 6 mis oed. Mae rhai yn cael eu dannedd lawer yn hwyrach na hynny.

2 flwydd oed

Babanod chwe mis oed

Mae angen llai o gwsg ar fabanod chwe mis oed na babanod iau.
Maent yn cadw'n effro i chwarae.

Paul

Mae Paul yn gallu eistedd i fyny.

Mae'n mwynhau chwarae gyda'i deganau.

Mae wrth ei fodd yn rhoi pethau yn ei geg a'u blasu.

Mae hefyd yn eu teimlo nhw i weld os ydynt yn feddal

neu'n galed.

Dydy Paul ddim yn gallu siarad ond mae'n gwneud llawer

o synau sy'n debyg i eiriau.

Mae'n deall nifer o eiriau y mae'r teulu yn eu defnyddio.

Bydd yn gallu dweud ei eiriau cyntaf pan fydd tua

naw mis oed.

Mae Paul yn cropian. Weithiau, bydd yn llwyddo i dynnu ei hun i fyny i gael gair gyda'i dad.

Baban blwydd oed

(52 wythnos oed)

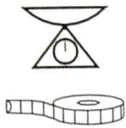

pwysau	9½ kg
hyd	72 cm

Mae llaeth yn llai pwysig fel y mae'r plentyn yn tyfu.

Mae'r plentyn yn dechrau bwyta cig, pysgod, wyau, caws, ffrwythau a llysiau.

Mai Ling

Mae Mai Ling yn flwydd oed. Mae'n bwyta tri phryd y dydd gyda'i theulu.
Mae'n bwyta yr un bwyd â'i brodyr a'i chwiorydd.

Bydd ei bwyd yn cael ei falu'n fân. Bellach, mae ganddi bump o ddannedd. Mae'n bwyta ychydig o fwyd caled.

Mae Mai Ling yn hoffi potel o laeth gyda'r nos.

Baban blwydd oed

Mae'r rhan fwyaf o fabanod blwydd oed yn cropian.

Mae rhai babanod blwydd oed yn gallu cerdded.

Maent yn dal yn ansicr iawn ar eu traed.

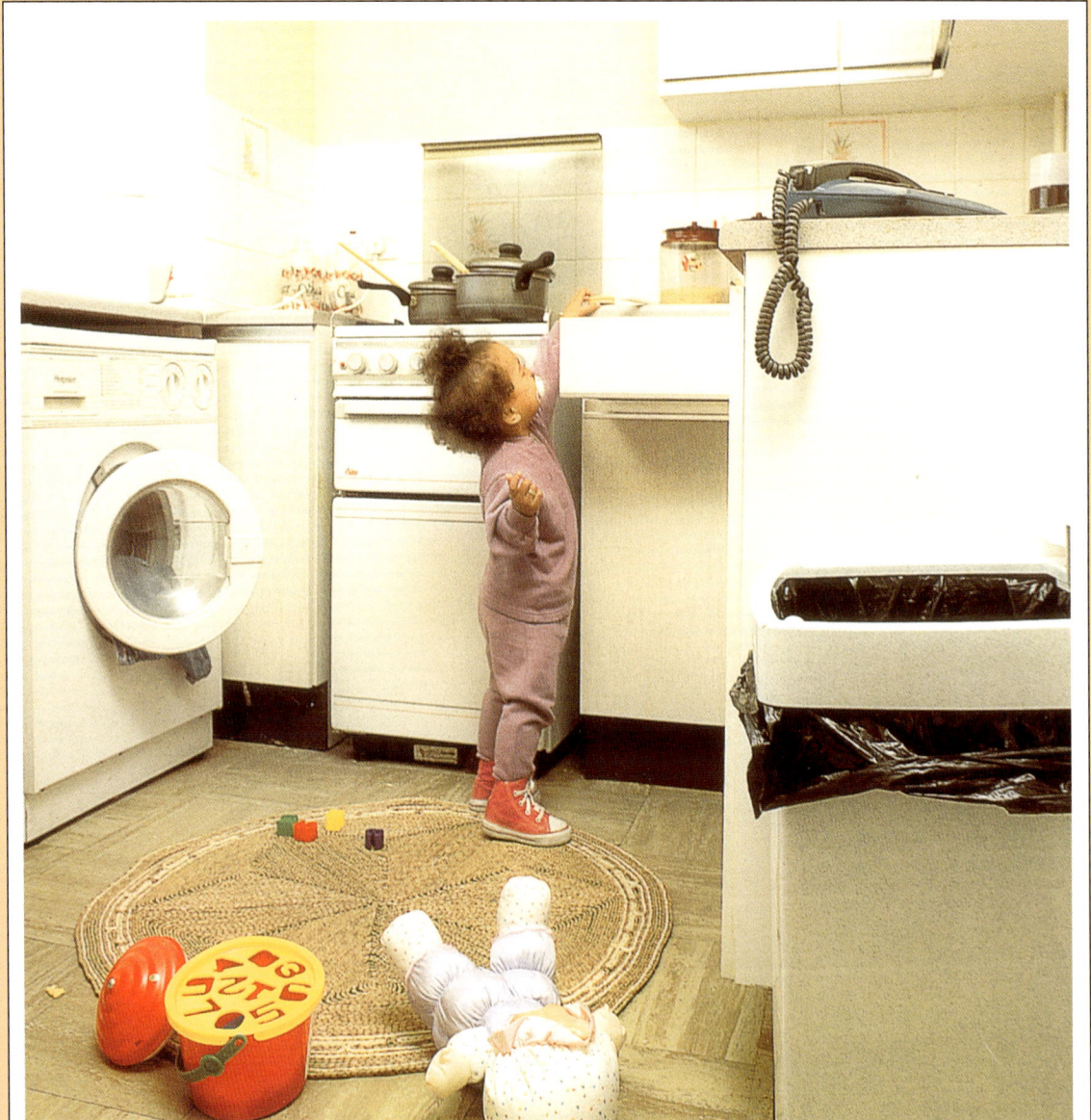

Dydy babanod blwydd oed ddim yn gwybod beth sy'n beryglus.

Mae Mai Ling yn chwarae ar ei phen ei hun. Mae'n hoffi cael ei mam neu ei thad gerllaw.

Mai Ling

Mae Mai Ling yn gallu cerdded deg cam.

Mae'n codi rhai pethau bach gyda bys a bawd.

Mae'n gallu tynnu teganau ar linyn.

Mae hyd yn oed yn gallu sgriblo â phensil.

Mae'n gallu dweud deg gair ond mae'n deall mwy na hynny.

Plentyn dwyflwydd oed

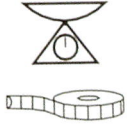

⚖	pwysau	13 kg
📏	hyd	86 cm

Mae'r rhan fwyaf o blant dwyflwydd oed yn siarad, cerdded a rhedeg. Maent yn gallu mynd i'r toiled.

Mae'r plentyn dwyflwydd yma yn gallu bwydo ei hun.

Gareth

Dydy Gareth ddim yn faban bellach.

Mae'n blentyn bach.

Mae plant bach yn aml yn gwylltio gyda nhw eu hunain.

Maen nhw'n colli amynedd am eu bod yn methu gwneud pethau mae plant hŷn yn eu gwneud.

Dyma Gareth yn dysgu wrth chwarae gyda'i deganau.

2 flwydd oed

Sut mae baban yn datblygu

	Dan 6 wythnos	6 wythnos	3 mis	6 mis	12 mis	24 mis
Datblygiad Corfforol		gwenu	rowlio	dechrau cropian eistedd	cropian dechrau cerdded	cerdded yn hyderus rhedeg
Chwarae		sylwi ar bethau llachar	gafael mewn ratl	gollwng teganau	chwarae gyda theganau syml	chwarae gyda llawer o deganau
Datblygiad Iaith	crio	gwneud synau crio	cŵio cw-cw chwerthin	bablan bababa dadada	gair cyntaf mam	geiriau gyda'i gilydd dadi mynd
Bwyd	llaeth yn unig	llaeth yn unig	ychydig o fwyd baban digon o laeth	bwyd bys a bawd bwyd meddal llaeth	cig, pysgod, wyau a chaws wedi'u malu'n fân	bwyd y teulu wedi ei dorri'n fân

22

Geirfa a ddefnyddir yn y llyfr hwn

Bronnau   Rhan o gorff merch yw bronnau.
Mae gan famau â babanod bach laeth yn eu
bronnau.

Cropian   Cropian yw symud ar eich pengliniau a'ch dwylo.

Cyhyrau   Mae cyhyrau'r corff yn ein helpu i symud.
Mae cyhyrau plant bach yn cryfhau fel y maent yn tyfu.

Mwg â Phig   Bydd mwg â phig yn helpu'r plentyn i yfed am
y tro cyntaf.

Sgriblo   Sgriblo yw'r ysgrifennu cyntaf ar bapur.

Sylw   Mae babanod yn hoffi cael sylw a chael rhywun
i chwarae â nhw.

Mynegai

a b c ch d dd e f ff g ng h i j l ll m n o p ph r rh s t th u w y
A B C CH D DD E F FF G NG H I J L LL M N O P PH R RH S T TH U W Y